„Advent – einmal anders"

Advent ist für mich eigentlich eine Zeit der Vorbereitung
auf Weihnachten.

Im Advent 2003 kam plötzlich alles anders....

Plötzlich auftretende Symptome wurden in sehr kurzer Zeit
als Krebs diagnostiziert
Tumor im Kopf – OP – noch vor Weihnachten
Vier Wochen später die nächste Diagnose
Krebs in der Lunge – OP
Danach Strahlen – und zugleich Chemotherapie
Kur

Advent

warten auf das Licht

diesmal aus einer anderen Sicht

das Dunkel scheint davor

hindert einem zu sehen das Tor

durch das soll kommen das Licht

Gestern war sie da die Sicht!   Danke!!!·

Advent – einmal anders

Advent = warten auf das Licht
Diesmal aus einer anderen Sicht
Das Dunkel scheint davor
Hindert einem zu sehen das Tor
Durch das soll kommen das Licht

Wellen brechen und toben
Alles scheint verschoben

Ein Surfbrett dient als Boden
Der Mast steht mittendrin
So findet das Leben wieder Sinn
Und es läßt sich gleiten auf den Wellen
Die Sonnenstrahlen brechen ein von oben
Unterbrechen das Schäumen und Toben
Wenn man sie spürt – beim Innehalten
Dann kann man die Sorgen besser verwalten

Das plötzliche Erfahren von schlechten Nachrichten raubt
Kraft – stärkt die Ohnmacht
Unheimliche Wut breitet sich aus
Es ist besser – man läßt sie raus
Viele Gedanken türmen sich auf wie ein Orkan – sie in
diesem Moment zu sortieren geht einfach nicht an

Verwertbare Informationen ergeben Bausteine
Es kommt das Gefühl, man ist nicht mehr alleine

Schwer ist es, die Nachricht nicht nur hinzunehmen
- Sie verändert ja das momentane Leben –
Sondern anzunehmen, so wie es im Moment ist

Zur Veränderung – auch zu dieser – ja zu sagen –
Auch wenn zwischendurch viele Gedanken und Sorgen
einen plagen -
braucht man viel Kraft

Ich habe es bis jetzt geschafft
diese Kraft mir zu holen

Nicht verstohlen, sondern offen
Angeboten durch viele Hände
Es fallen plötzlich Wände – waren sonst schon mal
vorhanden

Die Kraft wächst, sie kommt vom Annehmen
Brauche mich drum nicht zu schämen

Annehmen macht stark

Diagnose Krebs

Die erste Diagnose ist Tumor
Frage, was ist das
Man scheut davor

Die Suche beginnt
Zusammenhänge im Körper werden klar
Noch immer nimmt man die Aussagen nicht wirklich wahr.

Es wird gesprochen von Metastasen
Sie können wie Würmer durch den Körper rasen
Und Stück für Stück erfassen

Tumor ist nicht immer der Herd
Ihn ernst zu nehmen – ist er das wert?
Der Krebs sendet Boten aus
Und schickt die Vernunft nach Haus
Die Suche geht weiter nach dem Grund

So langsam setzt sich Baustein an Baustein
Es sieht so aus, als würde die Sache rund

Warten ist angesagt
Auch wenn man noch so viele verschiedene Leute fragt

Warten wie auf das Christkind im Advent
Nur aufpassen, daß man Weihnachten nicht verpennt

Zu zweit warten können gibt erneut Kraft
In der Hoffnung, daß man es schafft
Mit Ruhe und Frieden dem Krebs keine Chance zu geben

Veränderung

Die Beziehung verändert sich
Sie bekommt ein anderes Gewicht
Verschlossen sind zuerst beide
Gehen erst – jeder für sich – auf seine eigene Weide
Zum Sortieren und Nachdenken
Es braucht Zeit, um sich wieder gegenseitig zu
„verschenken"

Gedanken gehen in die unterschiedlichsten Richtungen
Ab und zu sucht man nach Dichtungen
Die Richtungen abzuschließen
Die Gedanken ver – rücken
Angst macht sich breit

Man denkt, es ist schon so weit –
Man sieht nur das verschlossene Tor
Man sieht aber nicht den Riegel davor

Plötzlich taucht wieder bei beiden Kraft auf
die es schafft, wieder miteinander zu sprechen
Miteinander entwickelt sich ein neuer Weg
Man braucht nicht mehr balancieren auf dem unsicheren
Steg

Die Kraft verteilt sich auf beide
Der neue Weg ist klar:
Ein Schritt nach dem anderen miteinander zu gehen
Nicht mehr allein auf dem eigenen Weg
bringt Zuversicht
Gibt Kraft auf dem Weg zum Licht

I ko net schlaffa

I ko net schlaffa
Gedanken raffa sie zsamm
Kumma und gehn
Manche sagn, du werst es scho sehn

Manche nerven und plagn
I muas zuaschaugn und derf net gehn
Die Nacht is so lang
Oft wird ma bang

I schau auf d`Uhr – – –
Draußen stürmts und wehts
Da Schlaf kummt wieder und geht
Die Zeit verrinnt

Irgendwann – – –
Der Morgen beginnt

Immer wenn a Einschlag kimmt
Bsinn i mi
Sitz da und schreibs auf – des,
was ma nennt des Lebens Lauf
Net das i sagn kunt i bleibat stumm
I schreib mas ab von da Seel damits net hänga bleibt

I werd halt dann kreativ
sagn de Leit

Wenn i alloa bin
kemman die Gedanken
wia im Flug

Wia a Zug mit vielen Abteilen
Es tuat guat in den einzelnen zu verweilen
Genauer hischaugn was da laft
Dabei kumt wieder a neue Kraft
Des, was druckt geht weg, da Kopf wird wieder leer
Da schaug her

I ko net aufhörn zum Schreibm
Wo solls auch sunst bleibm
Es muas raus auf`n Weg

Vielleicht laft a andrer drüber weg, der sagt:
I nimms a Stückl mit
Vom Schreibm wird der Kopf leer

Die Zeit verrinnt, das Alte verschwindt
So nach und nach kummt die Kraft
Die es schafft
Wieder Neues zu erleben
I leg mi hi und schau in d` Sonn
Scho hab i was davon!

Es ist so spannend........

Spannend ist es neue Wege zu gehen
Dinge und Situationen von einer anderen Seite zu sehen
Mit Abstand, nicht von der Näh`
Denn das tut manchmal zu sehr weh

Den eigenen Stand zu sichern ist wichtig
Es ist nicht egoistisch, sondern richtig
Für sich selbst zu sorgen
Woher nehme ich sonst die Kraft für morgen

Kraft kann ich aus mir selber holen
dann hab ich was davon !
Manchmal von anderen – aber nicht verstohlen – sondern
offen
Und darauf hoffen
Daß ich fähig bin, selbst wieder ein Stück weiter auf
eigenen Füßen zu stehen
Und zum nächsten Punkt zu gehen

Die Leitlinie heißt: Eins nach dem andern
Den Proviant zum Wandern
Nehme ich mit – Schritt für Schritt

Nichts festhalten auf dem Weg zum Ziel
Der Kraftaufwand dafür ist zu viel
Loslassen und nach vorne blicken
Den Wind, der nach vorne treibt im Rücken

Warten auf das Ergebnis

Es dauert lange
Zwischendurch wird mir Angst und bange
Was kommt auf mich zu
Nachts komme ich nicht zur Ruh
Ich befinde mich in einem Raum mit Nebel
Er versperrt mir die Sicht
Positiv gesehen fühle ich mich eingehüllt in eine Wolke
Ich sollte warten bis das Licht den Nebel durchbricht

Wut kommt auf
Wir warten darauf
Diejenigen, die den Befund bearbeiten nehmen sich Zeit
Sie spüren nicht, was warten heißt
Sie meinen nur:
„Ich weiß, daß Sie warten
damit sind Sie nicht allein"
Es fehlt nur noch die „Unterschrift"
Kann das denn wirklich so sein?

Zum Gesund werden hilft Warten nicht
Denn wenn offen ist die Sicht kann man lernen damit
umzugehn
Das Ergebnis von verschiedenen Seiten an zu sehn
Um dann zu handeln
Und die Krankheit umzuwandeln
Ins Heil – Werden
Abebben können dann langsam die Beschwerden
Annehmen von dem, was man nicht ändern kann
Es fängt ein neuer Abschnitt im Leben an

Ich möchte ihn beschützen

Ich möchte ihn beschützen
Doch was wird es ihm nützen
Wenn ich bei ihm bin
Es hat nicht viel Sinn
Dabei zu sein

Er muß allein durch diese kurze dunkle Zeit
Bis zum Aufwachen ist es nicht mehr weit

Ich möchte ihm die Angst nehmen
Er soll sich nach dem Aufwachen sehnen

Ich kann nicht alles von ihm fernhalten
Er muß lernen, seine Gefühle selbst zu verwalten

Schutz kann ich geben
Im Vorübergehen

Mildern den Schmerz durch meine Anwesenheit
Ablenken von der angenommenen Einsamkeit

Wenn er den Tunnel hat durchschritten
Und ist dabei nicht ausgeglitten
Kann er sehen und annehmen das Licht
Und klar wird die Sicht

Jetzt ist sie da, die Nachricht

Unverhofft ist sie nicht gekommen
Man hat sie uns übersetzt
Jedoch die Übersetzung scheint noch verschwommen

Es sind zu viele neue Begriffe, die man noch nicht zu
deuten weiß
Sie zu verstehen
und sie sich setzen lassen braucht Zeit

Näher kommen die nächsten Schritte
Auf Stufen nach unten oder oben

Gedanken, die durcheinander stoben

Ein Vakuum entsteht

Dazwischen

Weggeschoben
Auf die Seite verdrängt
Nicht angesehen
Kette vorgehängt

Ich lasse es besser zu
So hab ich erst mal Zeit und Ruh`
Und Raum das Neue zu sortieren

Ich kann nichts verlieren

Ich gewinne dazu

Kraft von außen

Kraft von außen macht stark
Um gewappnet zu sein gegen Hiebe
die von außen kommen
Mehrere davon löchern das Sieb
Und klare Vorstellungen werden verschwommen

Umgeben sein von Kraft stärkt den Untergrund
In die Äste fließt Saft
der hilft, neue Wege zu sehen, zu gehen und sie zu
gestalten

Kraft von außen vermittelt das Gefühl, nicht allein
gelassen zu sein
Es ist kein Gefühl nur so zum Schein
Ich fühle mich stückweise darin geborgen
Trotzdem
Zwischendurch kommen sie an die Sorgen
Verweilen
Und eilen dann wieder fort
Erst mal wieder an einen anderen Ort

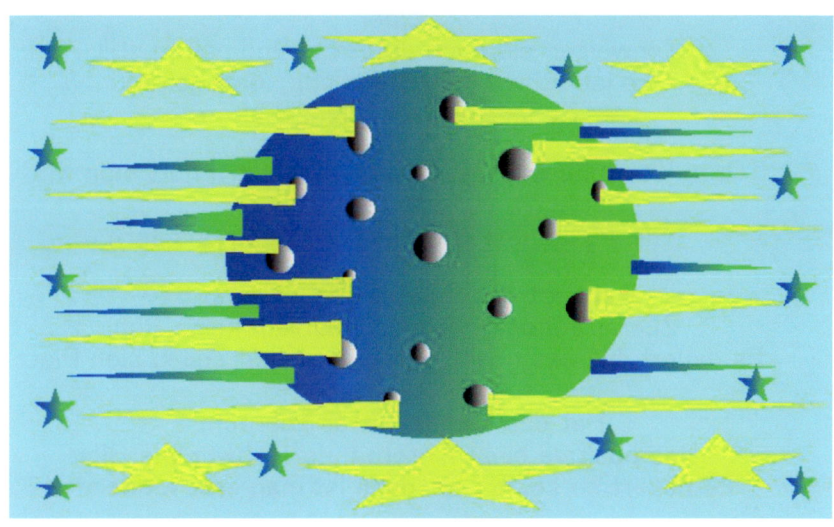

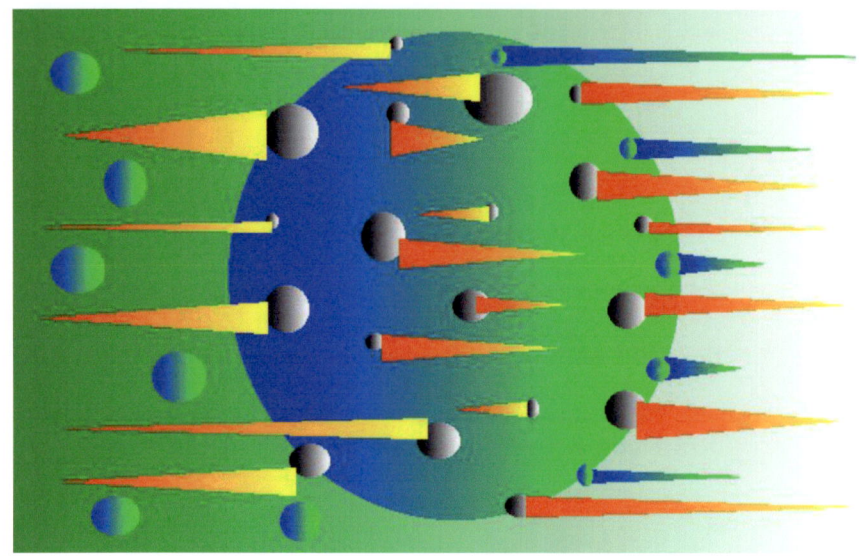

Der nächste Schritt

Mit Spannung wird das nächste Ergebnis erwartet
Die Sinne sind auf Empfang gestartet
Bange Frage – kommt das, was man hören will
Oder
Schweigen sie noch die Ärzte und halten still
Es ist schwer, die Spannung auszuhalten
Es fällt schwer, abzuschalten

Gute Wünsche und Gedanken von andern hört man wie
von fern
Sie wollen uns gut sein und haben uns gern

Dann ist das Ergebnis da, man hört zu
Zuerst geben negative Gedanken keine Ruh`
Es dauert, bis das positive zwischen den Zeilen sich Platz
macht
Hat das Warten etwas gebracht ?
Das positive hinkt hinterher, ist schwer wie Blei
Es dauert so seine Zeit, dann ist man erst wieder frei

Warten auf Genesung

Geduldig sein und Warten können ist eine Gabe
Es ist schade, wenn man diese Gabe nicht hat

Heraus zu bekommen, was der andere braucht
Ist nicht immer leicht
Oft will der andere etwas anderes als das, was man ihm
reicht

Ihm von den Augen abzulesen was er will
Nichts gesagt bekommen – er bleibt still

Nur dasitzen und nichts tun können fällt schwer
Das saugt Kraft und macht innen leer

Ich möchte lernen nur still zu geben
Nicht ein bestimmtes Ziel zu erreichen
Der andere kann erst mal besser lernen wieder zu leben
Ich muß erst mal meine Erwartungen streichen

Los – lassen von eigenen Erwartungen und Erleben
Bringt dem anderen die Möglichkeit wieder neu zu leben

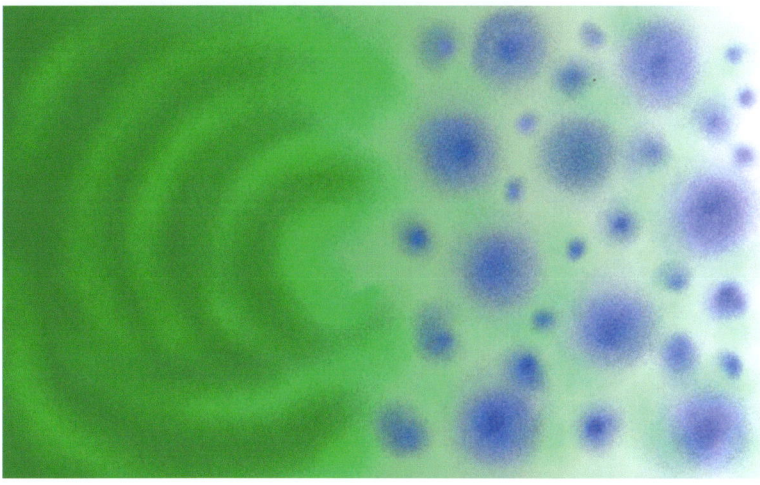

Zwischenstation

Ich mußte Dich finden
Um mich von mir selbst zu entbinden

Das, was ich bin und kann bedeutet Stärke und Kraft
Dies kann sich nicht entwickeln in Gefangenschaft

Eine Decke übergestülpt über Blumen läßt sie verwelken

Ihnen fehlt Wasser und Licht

Die Decke versperrt die Sicht

in die Sonne

So nebenbei . . . . .

Es ist nicht einerlei, was auf der Station so geschieht
für den Patienten
wenn es hinten und vorne „zieht"
Dann ist Warten angesagt

Es gibt auf den Stationen
Für 40 kranke Personen
Nur zwei examinierte Krankenschwestern
Die sind zwar nicht von gestern
Aber was sollen sie noch alles machen
Es sind doch da so viele Sachen
Die getan werden sollen

Es ist nicht die Rede vom Nicht wollen
Die anstehende Arbeit für nur zwei Leute ist zu viel

Krankenschwestern und Ärzte machen Überstunden
Von den Patienten und Angehörigen kennt sich nicht jeder
mit dem Kranksein aus
Für manche wird dieser Zustand ein Graus

Der eine oder der andere kommt für sich in der Genesung
weiter ein Stück
Den einen oder anderen wirft es unter diesen Umständen
in der Genesung zurück

Patienten und Angehörige sind heutzutage arm dran
Nicht jeder von den Operierten kann da sich selbst
versorgen
Wie sieht er dann aus, der nächste Morgen?

Ist die Welt heute verkehrt und der Mensch nichts mehr
wert

So kann es nicht weiter gehen
Der Krankenhausträger und sein Team müssen diese
Situation wohl erst mal selbst erleben
Übrig bleibt vom Menschen bald nicht mehr viel
Der ganze Mensch muß bleiben das Ziel

Eine neue Art von Management muß schnellstens her
Die Ausrede gilt nicht: „Der Beutel ist leer"

Das erste Gebot muß bestehen bleiben

<u>Für den kranken Menschen da zu sein</u>

Nicht um jeden Preis sich gegenseitig aufzureiben

Die erste gute Nachricht

Es gibt keine Informationen

Spannungen bauen sich auf

Wir sitzen da und warten darauf

Es ist ein stummes Warten
Keiner spielt mit offenen Karten

Die Kugel der Kraft schließt ihre Poren
Es kommt das Gefühl – ich habe meinen Untergrund
verloren

Alles fängt an zu verschmelzen und klebt wie Leim
Er wird immer klebriger – wie Schleim

Wieder wird die Sicht versperrt
Alle scheinen gegen einen – ist die Welt verkehrt?

Doch plötzlich wendet sich das Blatt
Das Stille – sein ist man satt

Die Informationen sind greifbar nah
Sind sie jetzt auch alle da –

Doch braucht man wieder Kraft die Informationen
anzufordern
Von selbst kommt kein Angebot sie zu ordern

Die Nachricht heißt: Aktion gut verlaufen
Glück gehabt – noch mal gut gelaufen
Klar wird wieder der weitere Weg

Nicht mehr notwendig ist der wacklige Gang über den
schmalen Steg

Frei wird wieder die Sicht nach vorne ins Licht

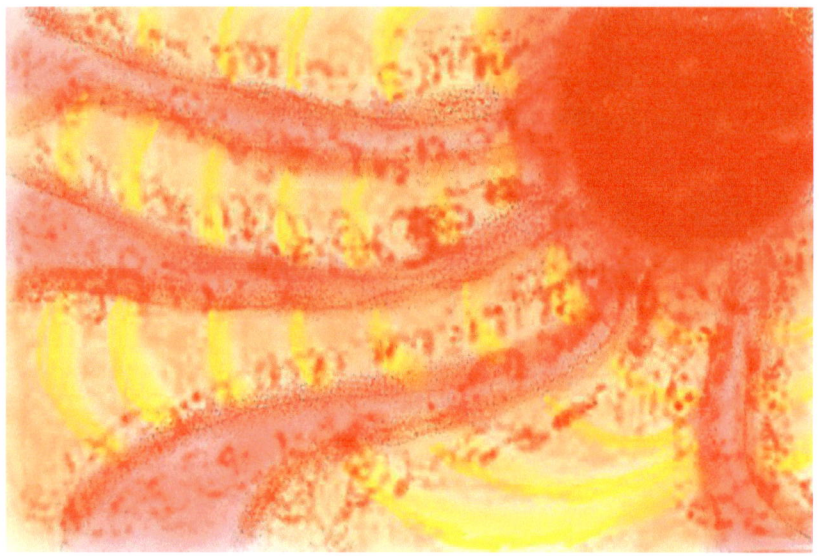

Gute Zeiten – schlechte Zeiten

Kaum ist die gute Nachricht verdaut
Man schon wieder positiv in die Zukunft schaut

Es bleibt wieder nicht viel Zeit zum Ruhen
Die nächste ungewisse Nachricht kommt
Was tun

Das Tun fällt erst mal wieder in den Hintergrund
Der Inhalt der nächsten Nachricht macht die Seele wieder
wund

Fragen über Fragen stellen sich auf
Vergessen ist der gewohnte, bzw. gewünschte
Tagesablauf

Wo anfangen zu denken ist die Frage
Die „Sache" in die Reihe zu bekommen wird zur Plage

Von außen kommt wieder der Anstoß und die Kraft
Sache und Gefühl zu trennen, so daß man die nächsten
Schritte schafft

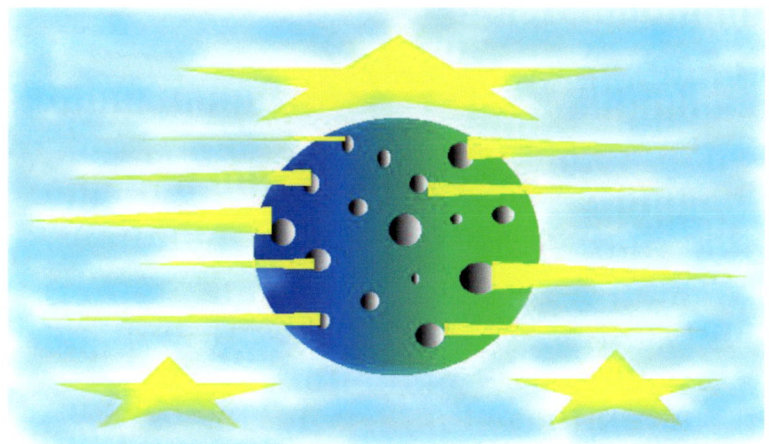

Mensch sein können, obwohl man krank ist

Wir saßen am Tisch zu dritt
Die gute Atmosphäre kam mit
und macht es leichter zu reden und zuzuhören
Hier wird uns keiner negativ stören

Es geht besser, den neuen Weg zu gehen
statt sich immer im Kreis zu drehen

Wenn Arzt und Patient Mensch sein kann

Dann

Muß man nicht mehr alles allein er–tragen

Man kann Dinge sagen
die tief drinnen sitzen und ruhn

Die hemmende Schranke fällt weg
Es fällt leichter, den nächsten Schritt zu tun

Der nächste Schritt

Nach einer kurzen Ruhepause
Zuhause
Kommt der nächste Schritt auf uns zu

Der Krebs läßt uns keine Ruh
Er will, daß wir uns nicht unterkriegen lassen
Obwohl wir ihn endlos hassen

Es gibt noch einige Möglichkeiten

Darüber läßt sich nicht streiten

Strahlen und Chemo helfen ihn zu beseitigen

Wir lassen uns n i c h t unterkriegen

Gut, daß die Therapie nicht stationär stattfinden muß
Dazu hätte keiner von uns mehr Lust

Wir hoffen weiter auf Kraft
die es schafft
mit der neuen Situation umzugehen

Das Leben bleibt auch nicht stehen und geht weiter
Wenn auch nicht immer froh und heiter

Nicht aufgeben heißt die Devise

Sondern

Kraft finden um herauszukommen aus der Krise

Stand by

Wieder ist Ruhe eingekehrt
Hoffentlich nicht Ruhe die trügt
Obwohl
Es muß eine Zeit genügen um wieder aufzutanken
Kraft zu schöpfen um nicht zu wanken
Wenn der nächste harte Schritt kommt

Warten ist wieder angesagt bis alle Unterlagen zusammen
kommen
Nachgefragt werden muß wieder, damit nicht wieder vieles
bleibt verschwommen
Alles will sortiert werden für den „richtigen" nächsten
Weg
Das Geländer muß repariert werden für den schmalen
Steg

Der Untergrund darf nicht löchrig und matschig sein
Ich brauche einen festen Stand
Um vorwärts gehen zu können
Nicht gegen die Wand

Anlauf zur nächsten Phase

Es ist immer wieder ein neues Aufraffen
Mit der Frage dabei: Werden wir es schaffen
Was auf uns zukommt ist klar
Werden aber auch die Nebenwirkungen der Therapien
wahr?

Ein neuer Zeitplan im Tagesablauf beginnt
Vielleicht die Zeit dann manchmal schneller verrinnt?
Für vier Wochen regelmäßig zur Therapie mit Strahlen
Jeden Tag
Ich möchte damit nicht prahlen
Wird es zur Plag`?

Alle Fragen können nicht beantwortet werden
Es ist auch noch nicht die Zeit zum Sterben

Wie schwer ist es doch immer wieder zu warten
Manchmal möchte man so einfach durchstarten
Und schon alles hinter sich lassen
Alles zusammenfassen
Und beiseite legen
Der Ruhe wegen

Ein kleines Licht geht auf

Durch die Nebelschwaden scheint es hell
Nur langsam – nicht schnell
werden eigene Stärken wach
Zuerst noch schwach
Dann treten sie hervor
Stark wie ein Chor
Und verlangen nach dem Tun
Vorbei ist die Zeit um sich auszuruhn

Eigene Stärken geben Kraft
Die es schafft
Nicht über Unausgesprochenes darüber hinweg zu sehn
Sondern es zu benennen

Nicht einfach davon zu rennen
Um sich abzulenken
Und vermeintlich zu denken – es wird schon wieder

Frei sein wie ein Blatt im Wind

Ein Gefühl von Freiheit ist nah
Gegenüber steht die Angst vor dem Tod da

Frei sein – nicht am andern kleben
Es zuzulassen wie ein Blatt im Wind zu schweben

Vielleicht gibt das Gefühl der Freiheit Kraft
Die es schafft
Statt sich ohnmächtig zu fühlen

Loszulassen

Mutig sein und sich selbst etwas gönnen
Etwas kreativ schaffen
Das wären wohl die Waffen
Um das Gefühl der Freiheit zu genießen
Dann kann es sich entwickeln
Und neue „Triebe" können sprießen

Warten können

Warten können, bis etwas wächst, ist schwer
Es dauert oft so lange

Es fehlt die Sonne und der Regen

Oft genug stelle ich mich dagegen
Will helfen um das Wachsen voran zu bringen

Doch so kann es nicht gelingen
Alles braucht seine Zeit
Der Weg zum Vollendet sein ist sehr weit

Geduldig sein höre ich die Leute sagen
Manchmal kann ich das Warten nicht mehr ertragen

Doch plötzlich erscheint ein kleiner Trieb

Ein Sonnenstrahl gab ihm einen „Hieb"
Er konnte sich entfalten

Eine kleine Knospe entdecke ich beim genauen
Hinschauen

Auch Vertrauen haben
hilft das Warten zu ertragen

Eingespielt

Jeden Morgen dasselbe Spiel
Manchmal scheint es, als wäre alles zu viel

Jedoch, der Alltag nimmt seinen Lauf
Nach vorne sehen, wir geben nicht auf

Das tägliche Spiel hat auch etwas Gutes
Gewohnheiten machen zuweilen guten Mutes

Wlichtig ist es, die Balance zu halten
Sonst gibt es zu wenig Kraft, in wichtigen Situationen
richtig zu schalten

Dasselbe Spiel ist wichtig, um die Nebenwirkungen zu
ertragen
Etwas positives muß man ja vom Leben haben

Dazwischen gehören Ruhepausen

Zeit zum Verschnaufen

Atem holen

Manchmal direkt, manchmal verstohlen

Kraft tanken für die Energie, die man braucht
Weil einiges dazwischen schon mal kräftig schlaucht

Morgen geht`s erst mal weiter mit dem gleichen Spiel

Täglich zur Bestrahlung, Tabletten, Zeiteinteilung

Auf mit Schwung !

Dann wird es nicht zu viel

Festgesetzt

Es kommt das Gefühl auf, daß es nicht mehr weiter geht
Der Sturm hat die Kraft verbraucht – der Wind nicht mehr
weht
Selbst kann ich mir den Ruck nicht geben
Den Ruck, der gebraucht wird zum Leben
Ich gehe auf suche nach dem Ruck
Es rüttelt mich hin und her
Ein neuer Anfang erscheint mir ziemlich schwer

Ich gehe weiter auf Suche und finde einen Weg
Mich loslösen von festgesetzten Lasten
Nicht mehr so viel für andere rennen und hasten
Mich in eine neue Ordnung hineinbegeben
Um wieder zu spüren ein neues Leben
Auch für mich selber sorgen
Und ab und zu Kraft von anderen borgen

Zwischendurch

Erinnerungen treten auf – sie bremsen mein Tun
Alte „Geschichten" – nicht abgeschlossen – aufbewahrt –
versteckt – vergraben
Lassen mich nicht ruhn
Sie vermischen sich mit anderen Situationen

Diese Gedanken machen für Momente unfrei klar zu
denken
Möchte doch jemand kommen und mir die Klarheit wieder
schenken

Diese Momente sind nicht immer leicht zu ertragen
Warum muß das so sein – stell ich mir dann oft die Frage

Die Lösung wäre – Unverarbeitetes zu Ende bringen
um nicht immer wieder damit zu ringen
und sich damit zu erlösen und zu befreien

Abgelegt

Abgelegt die dunklen Seiten
Wieder entdeckt die Kleinigkeiten
die Stärke bringen und froh machen
Es sind die kleinen Sachen
Sie kommen angeflogen
Werden von mir aufgesogen

Sie kommen von allein
Fein

Kleinigkeiten

Ich kann sie wieder sehen
Sie stehen plötzlich vor mir
Ich mach ihnen auf die Tür

Vergessene Schubladen tun sich wieder auf
Die Inhalte gehörten mal zu meinem Lebenslauf

Es ist Zeit, sie neu zu ordnen
Nicht liegen lassen und sie horten

Die Möglichkeit besteht, daraus etwas Neues zu gestalten
Sich auf eine andere Weise zu entfalten

Zur Kur

Alloa sei is fad

Schad, daß er net da is

Er is zur Kur

Sie tuat eam guat

Es huift eam weiter

Lass`n geh

Und sei trotzdem heiter

Sehnsucht

Sehnsucht nach blau und grün

Sehnsucht nach Bayern und Wien

Sehnsucht nach Geborgenheit

Der innere Schweinehund sagt: „Fahr...."

Die Ralität sagt: „Bleib da...."

Und schaug des ois vo da andern Seitn o

S`geht scho

Alloa

I sitz da im großen Haus
Alloa
I kannt so vui doa

I hab net die Kraft es zu tun
Des ständige ruhn
Zehrt no mehr

Wo nimm i nur wieder die Kraft zu neuem Aufschwung her

I brauch manchmal jemand um mi rum
Der sagt: „Geh weiter, kum . . ."

Der Hund tuat scho des Seine
Schlagt sei Tatzn auf mein Schoß und macht sie ganz
groß
... und schaut nach der Leine

I bin ja froh, daß i ihn hab, den Hund
Sonst gab`s manchmal koan Grund
Nach drauß`n zu gehen

Manchmal spui i alloa Karten
Statt da zu sitzen und zu warten

Plötzlich kommt wieder a Anstoß von aussen
wenn ma net dran denkt

Es gibt doch oan, der mei Leben lenkt

Zeit zum Redn

Mit`m Hund red i vui
Er schaut mi o als würd er mi verstehn
Er redt mit mir mit seine Aug`n

Er sagt: „Schau, i bin doch da"
I woaß wia`s Dir geht
Wia`s um di steht

I ko net vui für di toa
I lass di net alloa

Augenblick

Die Sonne scheint durchs Fenster durch die Blumen, die
da stehn

Die Sonne scheint so stark, daß sie blendet
Sie wird gleich untergehn

Durch die Blumen strahlt sie lange

Ich sauge die Strahlen in mich auf
Mir wird nicht bange in sie hinein zu sehn

Ich will dieses Bild behalten

Den Knopf für dieses Licht möchte ich nicht mehr
ausschalten

Verwandlung

Ab und zu wehre ich mich gegen meine alte Haut
Ich möchte nicht, daß dabei mir jemand zuschaut

Eine neue Haut möchte ich haben

Den Schritt, dies zu wagen
Ist schwer
Noch bin ich drinnen ziemlich leer

Das Innere muß fest sein, damit sich die neue Haut bilden
kann

So dann und wann
Wird`s möglich sein

Nicht nur nach außen – so zum Schein

Wenn – dann soll die neue Haut für andere sichtbar sein

Gefühle

Die Gefühle zwischendurch vor anderen in Zaum zu halten
ist nicht immer leicht
Manchmal werden bei bestimmten Gelegenheiten einfach
die Knie weich

Es entsteht eine Situation
Wo es sich nicht lohnt
anderen zu zeigen, wie es in einem drinnen aussieht

Denn
Ich müßte erst vieles erklären

Mit meinen Gefühlen
Kann ich besser umgehen und darin „wühlen"

Einige, die mich kennen
Könnten mein momentanes Sein beim Namen nennen
Und mir wieder auf meine Beine helfen

Wenn diese da sind, dann kann ich es wagen
Den Gefühlen freien Lauf zu lassen

Und es sein zu lassen, mich deswegen zu hassen

Es reicht dann eine Umarmung, ein Blick
Und ich finde wieder auf meine eigenen starken Beine
zurück.

Kraft, die von ferne kommt

Es gibt eine Zeit
Da wird um mich herum alles weit

Ich spüre, daß jemand stark an mich denkt
Ich nehme es an das Geschenk

Es ist ein Gefühl von Glück

Es geht weg und kommt wieder zurück
Es bleibt eine kleine Zeit
Leider nicht bis zur Ewigkeit

Sehnsucht

Sehnsucht entsteht
Weil oft Gedanken verschwinden
Sie werden nicht ausgesprochen
Sonst könnten sie verkünden
Was jeweils ist der Grund

Sehnsucht nach etwas, was man nicht haben kann
So dann und wann
Tut es besonders weh

Komisch, sie kommt immer wieder
Singt ihre gleichen Lieder
Läßt einem nicht in Ruh`

Immerzu
Spielt sie auf der gleichen Seite

Das Gegenstück zur Sehnsucht wäre die Realität

Nur manchmal ist es dazu zu spät

Die Sehnsucht nimmt überhand

Die Gedanken verschwinden
Weil sie sonst verkünden
Den Grund
Und der macht oft wund

Auf der Suche nach einer neuen Haut

Immer wieder schau ich mich um
Und bin auf der Suche nach einer neuen Haut
Noch ist mir die alte ziemlich vertraut

Eine dickere Schicht könnte sie vertragen
Nach so vielen „Jammertagen"

Jetzt kenne ich meine Grenzen
Bin nicht mehr so leicht verletzt
Auch wenn mich der eine oder andere noch „versetzt"

Ich weiß meine Stärken einzuschätzen
Das gehört wohl schon zur dickeren Schicht
Wohl auch des öfteren der Blick zum Licht

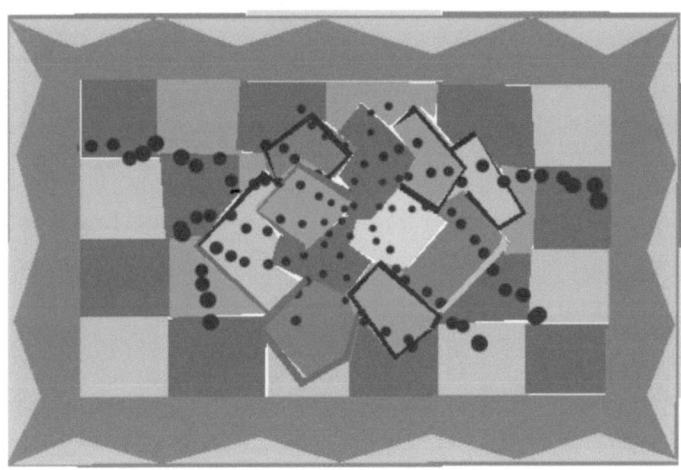

Meine Wünsche mit Dir

Dein Hier sein tut mir gut
Auch trotz deiner Krankheit deine Stärke zu spüren
Mich bei der Hand zu nehmen und mich zu führen

Ich schätze
Dein Organisationstalent, deine sachliche Übersicht
Gefühle haben da oft weniger Gewicht

Ich schätze
Deine handwerklichen und künstlerischen Fähigkeiten
Ich hoffe, sie werden dir wieder Freude bereiten

Ich schätze
Deinen Zugang zur Musik

Ich möchte mit dir neue Wege gehen
Die frei sind ohne Zwänge
Mit dir neues Entdecken und Neues sehen

Es gibt bestimmt noch viele Stellen, die wir noch nicht
wahrgenommen
Weil Äußerlichkeiten und starre Vorstellungen blockieren
sind diese Stellen noch nicht bei uns angekommen

Ich möchte für dich da sein, wenn du mich brauchst
Egal, wie das drum herum ausschaut

Liebe soll kein Solo bleiben
Sondern ein Duett
Es soll noch viele Möglichkeiten geben, dies einander zu
zeigen

Wünsche und Träume geben Sicherheit
Weißt Du Bescheid ? !

Es ist nicht zu spät

Nach der Kur
Schau ich auf die Uhr
Es ist nicht zu spät

Er hat noch mehr abgenommen
Ist bald an seine Grenze gekommen
Es ist nicht zu spät
Nur dann, wenn es so weiter geht

Zuhause angekommen
Hat er schon wieder zugelegt
Es ist nicht zu spät

Die Zwischenuntersuchungen waren gut
Die Ergebnisse machen wieder Mut
Es geht wieder aufwärts und es ist noch nicht zu spät

Zwischenstation
Im Krankenhaus

In kurzen Abständen sind wir da immer wieder zu Gast
Es ist für uns wie eine kurze Rast
Fast wie ein zweites zuhause

Eine kleine Zwischenstation
Um immer wieder zu überprüfen die Situation
Es wird schon zur Regelmäßigkeit

Der Aufenthalt dort tut uns nicht leid
Im Gegenteil – es tut gut dort zu sein

Mit unseren Sorgen sind wir nicht allein
Wir fühlen uns damit aufgehoben und getragen
Auérdem kann man auf dieser Station wagen
Zu sagen was man denkt

Die Gabe der Menschlichkeit bekommt man dort
geschenkt

Es ist Ruhe eingekehrt

Vorbei sind erst mal die großen Sorgen
Wir fühlen uns gegenseitig geborgen

Freuen uns auf das Ergebnis von kleinen Dingen
Wir fühlen keine Belastung: was wird der nächste Morgen
bringen?

Vieles können wir zusammen tun
Auch zwischendurch uns miteinander ausruh`n

Fast wie im Urlaub erleben wir unser Daheim
Nur der Sommer könnte schöner sein

Einer braucht den anderen
So gehen die Tage dahin
Und haben ihren Sinn

Zwischenbilanz

30 Jahre miteinander gelebt
Anfangs wie auf Wolken geschwebt
Beruflich viel Zeit miteinander verbracht

Höhen und Tiefen miteinander erlebt
Auch fröhlich gewesen und viel gelacht

Kinder sind uns fern geblieben – kamen nicht an –
So dann und wann gab es welche, aber nur geliehen

Der Rückblick über 30 Jahre scheint weit
Man nennt diesen Tag Perlenhochzeit

Es ist viel in dieser Zeit geschehen

Es braucht Zeit, dies noch mal anzusehen

Anzusehen mit einem anderen Blick
Die Zeit, so wie sie war, kommt nicht mehr zurück

Doch sind wir jung geblieben
Und haben uns für den weiteren Weg zusammen
entschieden

Den Weg im Hier und Heute weiter voran zu kommen
Das haben wir uns vorgenommen

Angenommen

Der Körper wehrt sich nicht mehr
Es ist für ihn nicht mehr schwer
Mit der Chemo umzugehen
Es ist etwas geschehen:
Er hat sie angenommen

Fünf Tage vergehen schnell
Dann wird es wieder hell
Und das Essen schmeckt
Sonst hat er nur daran geleckt
Und – war fertig

Die Zeit nach den fünf Tagen
Wird er es wieder wagen
Öfter und mehr zu essen
Damit beim Wiegen und Messen
Die Pfunde mehr werden

Der Körper hat sich mit der Chemo arrangiert
Damit er nicht gegen sie verliert

Gegeben

Er hat mir`s gegeben
Das Fleisch und das Leben

Ich möchte es behalten
Und gestalten – ganz neu

Ich kann was draus machen
Mit meinen sieben Sachen

Ich hab`s bekommen
... angenommen

Abbau

Ein Tag nach dem andern geht dahin
Manchmal mit und manchmal ohne Sinn

Es wird Herbst

Die Vorbereitung auf den Winterschlaf beginnt

Alte Geschichten bekommen Platz sich breit zu machen
Da gibt es plötzlich nichts mehr zu lachen
Der Alltag erscheint grau
Noch dazu wird es im Magen flau

Der Kopf fängt an zu brummen
„Alte Grillen" hört man summen

Die Vorbereitung auf den Winterschlaf beginnt
Die Zeit verrinnt

Warten und geduldig sein kostet wieder viel Kraft
Zurück zieht sich der Saft

Es ist Herbst

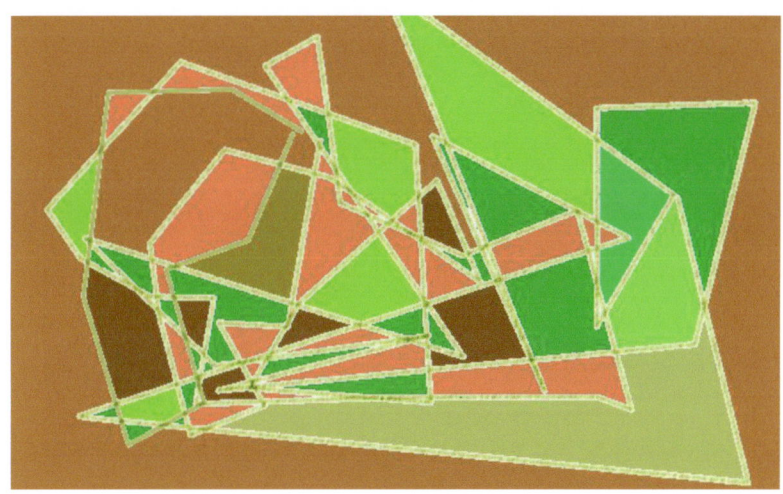

Urlaub

Eigentlich ist Urlaubszeit
Viele fahren weg – manche auch ganz weit....
Urlaub genießen kann ich auch daheim
Es muß nicht weit weg sein

Ich stelle mir den Uralub vor, so wie ich ihn mag
So ohne Sorgen und Plag`
Ich habe die Sonne und den Wind
Nette Leute, die um mich sind

Brauche nicht hetzen und jagen

Kannn mir die Zeit für den Tag einteilen
Brauche nicht sinnlos irgendwo verweilen

Kann lernen, Dinge auf mich zukommen zu lassen
Brauch nicht eilen und nicht zu hasten

Wenn ich einkaufe rieche ich den Stall der Tiere
So wie in Südtirol
Ich habe keine Angst, was zu verlieren
Wenn ich es merke, dann gewinn ich wohl

Warten auf den nächsten Schub

Die Chemo ist noch nicht vorbei – es fehlt noch ein
Schub
Dann ist es damit erst einmal genug

Größer wurden die Abstände zwischen den Schüben
Die Blutwerte sind immer wieder zurückgeblieben
Sie mußten sich erst immer wieder erholen

Die letzte Chemo wird sich dem Ende neigen
Dann wird sich zeigen
Was sie hat geschafft

Geduld ist nicht immer meine Stärke
Ab und zu verläßt mich die Kraft zu suchen nach neuen
Werken
Die mich wieder aufbauen

Ideen sind vorhanden
Der Schub, sie anzufangen fehlt

Vielleicht ist eine kleine Durststrecke angesagt
Die Ideen sind auf alle Fälle nicht vertagt

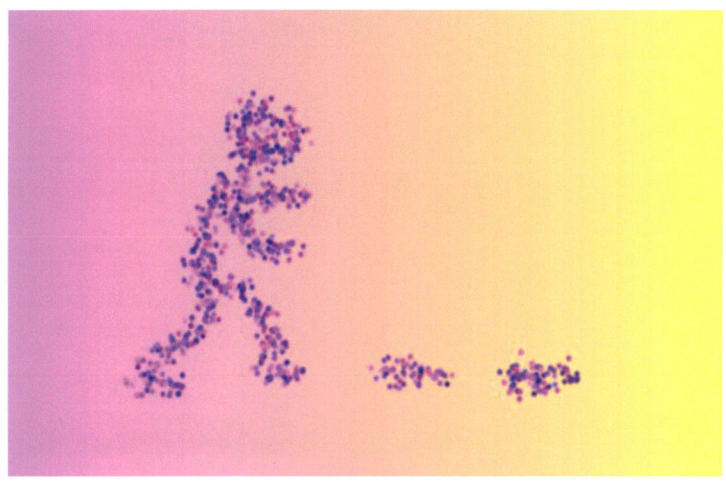

Die neue Haut

Die alte Haut ist dünn geworden
Ob sie noch aushält bis zm nächsten Morgen
Jeden Moment könnte sie reißen

Das soll heißen
Mein Schutz nach außen verschwindet

Dunkle Gedanken haben sich angekündigt
Es ist keiner da, der sie flickt
Dunkle Gedanken machen ver – rückt

Doch plötzlich

Die neue Haut liegt da

Zum Greifen nah

Gegerbt – fest – stark

Ich muß sie nur anziehen
Dann bin ich wieder autark

Geschafft

Die Chemo ist zu Ende
Es gibt eine Wende:
Die Untersuchungen zeigen

Ohne zu verschweigen

Daß keine neuen Anzeichen von Krebs vorhanden sind

Das große Fragezeichen
Und die angespannte Zeit kann weichen

In den leeren See fließt wieder Wasser
Die Haut wird wieder straffer
Spürbar wird dadurch wieder die Kraft
Die es schafft
Die nächsten Schritte zu tun

Wieder Zeit, zurück gebliebene Ideen umzusetzen

Vielleicht auch die Zeit anders genießen und auszuruhn

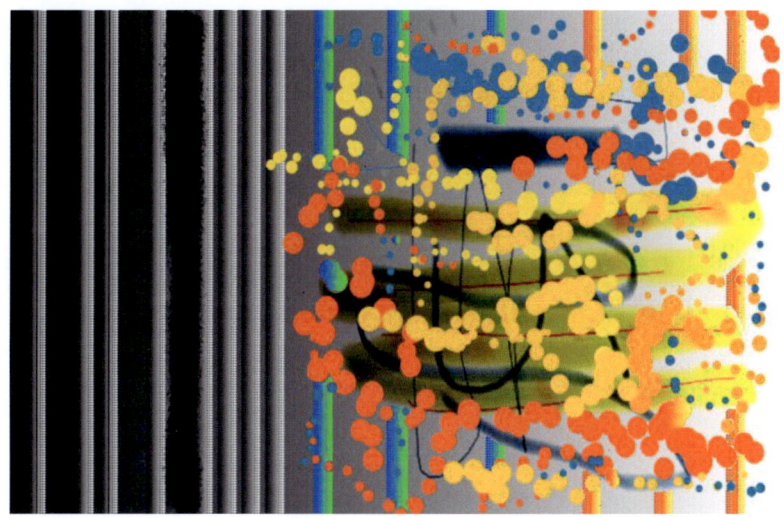

Von Anfang an dieser „Geschichte" hat mich dieser Spruch begleitet....

> ## Wenn es einen Glauben gibt
>
> ## der Berge versetzen kann
>
> ## so ist es der Glaube
>
> ## an die eigene Kraft
>
> Marie von Ebner-Eschenbach

Die eigene Kraft ist da, auch wenn sie manchmal nicht spürbar ist.

Es bedarf vieler Anstöße von außen , um immer wieder die eigene Kraft zu finden.

Das heißt auch lernen, die Anstöße von außen zu sehen –

Anzunehmen

damit umzugehen

Einfach nicht aufgeben und dran arbeiten !!!

Ich war und bin dankbar für diese „Anstöße" von außen !!!

Elisabeth Bartscher – aufgewachsen in Bayern
Erzieherin – Musikpädagogin
„Ausgewandert" nach Niedersachsen
Lebt dort seit 38 Jahren

Dieses Buch „Advent – einmal anders"

Ist entstanden, als bei meinem Mann die Diagnose
Krebs diagnostiziert wurde.

Für mich war das Schreiben und Malen darüber eine
Möglichkeit, mit dieser Diagnose und den darauffolgenden
Therapien fertig zu werden.

Malen und Schreiben war für mich auch eine Hilfe, damit
umgehen zu lernen.

Inzwischen sind 6 Jahre vergangen

Der Krebs hat sich nicht wieder gemeldet.

Impressum

2010 Autor: Elisabeth Bartscher
Herstellung und Verlag: Books on Demand GmbH,
Norderstedt

ISBN 9783839127100